Todos los libros de Linkgua Ediciones cuentan con modelos de Inteligencia Artificial entrenados por hispanistas. Pregúntale al chat de tu libro lo que desees acerca de la obra o su autor/a.

Para **ebooks**: Accede a nuestro modelo de IA a través de este enlace.

Para **libros impresos**: Escanea el código QR de la portada con tu dispositivo móvil.

Obtén análisis detallados de nuestros libros, resúmenes, respuestas a tus preguntas y accede a nuestras ediciones críticas generativas para una experiencia de lectura más enriquecedora.
La transparencia y el respeto hacia la autoría de las fuentes utilizadas son distintivos básicos de nuestro proyecto. Por ello, las respuestas ofrecen, mediante un sistema de citas, las fuentes con las que han sido elaboradas.

Antonio María Alcalá Galiano

Apuntes para servir a la historia
del origen del ejército destinado a Ultramar en 1 de enero de 1820

Barcelona **2024**
Linkgua-ediciones.com

Créditos

Título original: Apuntes para servir a la historia del origen del ejército destinado a ultramar en 1 de enero de 1820.

© 2024, Red ediciones S.L.

e-mail: info@linkgua.com

Diseño de cubierta: Michel Mallard.

ISBN rústica: 978-84-9816-168-7.
ISBN ebook: 978-84-9897-550-5.

Cualquier forma de reproducción, distribución, comunicación pública o transformación de esta obra solo puede ser realizada con la autorización de sus titulares, salvo excepción prevista por la ley. Diríjase a CEDRO (Centro Español de Derechos Reprográficos, www.cedro.org) si necesita fotocopiar, escanear o hacer copias digitales de algún fragmento de esta obra.

Sumario

Créditos _____ 4

Brevísima presentación _____ 7
   La vida _____ 7

A mis amigos _____ 9

Prólogo _____ 11

Libros a la carta _____ 35

Brevísima presentación

La vida

Alcalá Galiano, Antonio María (Cádiz 1789-1865). España. Hijo del famoso marino don Dionisio, muerto en Trafalgar, intervino en el pronunciamiento de Cabezas de San Juan (1820).

Perteneció a varias logias masónicas y grupos revolucionarios y fue diputado a las Cortes en varias legislaturas. Tras la restauración de Fernando VII tuvo que emigrar a Inglaterra. Volvió en 1834 influido por Montesquieu y los pragmáticos ingleses.

Fue amigo del duque de Rivas y de Espronceda.

A mis amigos
Compañeros en la empresa de preparar el alzamiento del ejército de ultramar para restablecer la libertad y la Constitución

Recibid, amigos míos, este corto tributo que mi amistad os ofrece. Con él no hago más que satisfacer una deuda. Grande es la que con vosotros tiene contraída la Patria, y conviene que no la ignore. ¡Ojalá bastasen mis fuerzas a encomendar vuestros nombres a la fama que merecen, para que en alas de ella llegasen a la posteridad más remota! A ésta transmitirá la historia los nombres de los dignos caudillos elegidos por vosotros para ponerse al frente de tan heroica empresa, y que de un modo tan digno correspondieron a su peligroso y honorífico encargo. Vuestros trabajos si no tan brillantes, tan útiles a lo menos, reclaman alguna gloria. Para hacer la vuestra eterna, para conseguir que nuestros nietos, al disfrutar de los bienes que el sistema constitucional habrá de derramar sobre ellos, supiesen a quienes son deudores de tamaños beneficios, y bendijesen vuestra memoria, sería forzoso que en la narración de vuestros hechos se emplease pluma mejor cortada que la mía. Suplirá con todo la escrupulosa veracidad, que me he propuesto, a los primores que falten en este escrito; y, por otra parte, en cosas de tal magnitud referir los sucesos con exactitud y sencillez, equivale al panegírico más acabado. Recibid, pues, os repito, en estos mal limados renglones, al par que una conmemoración de vuestros servicios, una prueba de la amistad que os profesa vuestro compañero.
    Antonio María Alcalá Galiano

Prólogo

Hasta ahora se emplearon algunas plumas en referir los pasos dados por varios buenos patricios a fin de conseguir el restablecimiento de la Constitución, valiéndose para el intento del alzamiento del ejército destinado a Ultramar. Otros refirieron los sucesos ocurridos en el discurso de este mismo alzamiento, y las hazañas de los valientes de Riego y Quiroga; pero no ha habido quien dé una razón circunstanciada de los trabajos anticipados para conseguir este resultado glorioso e importante desde el día 8 de julio en que el conde de La Bisbal desbarató el pronunciamiento próximo a verificarse, hasta el 10 de enero del siguiente año en que llegó a tener efecto. Este hueco trato yo de llenar no escribiendo una historia, sino allegando materiales para que otros lo verifiquen.

Cuento, como digo en el tema de esta obrilla, hechos en que tuve alguna parte, y los cuento con la imparcialidad posible y con la veracidad más escrupulosa. Pudo tal vez borrarse de mi memoria, o haberse ocultado a mi noticia algún hecho; si tal hubiese sucedido, agradeceré que se enmienden mis yerros involuntarios.

Los sucesos que refiero son por sus consecuencias de extraordinaria magnitud. Conviene, por tanto, su publicación. Admirará el mundo, cuando lo sepa, con cuán flacas fuerzas logramos derribar la mole de opresión que nos abrumaba... ¡tan deleznables son los cimientos sobre que estriba el despotismo! Forzosamente había de tropezar en mi narración con el inconveniente de hablar de mi persona y servicios. He procurado hacerlo como si me refiriese a otro cualquiera, sin hipócrita humildad ni repugnante jactancia, sin ensalzarme ni deprimirme. Quizá haya con todo quien me acuse de presuntuoso; pero vale más que yo incurra en alguna nota, que dejar por incuria sepultadas en el olvido cosas tan dignas de saberse, y que pueden ser de tanta utilidad por los ejemplos que de ellas habrán de sacarse.

Iba a pedir a mis lectores que disimulasen la desaliñada sencillez de mi estilo; pero he reflexionado que al público toca juzgarme, y que lo hará por mis méritos sin atender a mis súplicas.

Nunca, desde la funesta época de 1814, se presentó más halagüeña perspectiva a los españoles amantes de su patria, que la que ofrecía el proyecto concebido en 1819 por el conde de La Bisbal, y concertado entre varios vecinos de Cádiz y un crecido número de oficiales del ejército expedicionario. Todo cuanto podía apetecerse para mudar tranquila y ordenadamente la suerte de la nación y restituirla su gloria y libertad, se hallaba en manos de lo promovedores del alzamiento. Un ejército respetable en pie de guerra y decidido a la empresa, ya por la repugnancia de las clases inferiores al embarque, ya por las ideas sublimes y generosas de la oficialidad; las reliquias de nuestra marina reunidas en un punto, y medio reanimadas; cuantiosos fondos a duras penas allegados en medio de la general estrechez; la posición de la isla Gaditana, fuerte por naturaleza, y fuerte por la opinión, tanto de haber sido la barrera contra la cual se estrelló el poder francés en los tiempos de su mayor auge, cuanto la de ser la cuna y asilo de las ideas liberales; y, por último, el convencimiento de que la nación odiaba al Gobierno, que la tenía esclavizada, convencimiento que aseguraba el éxito y legitimaba la idea de la insurrección. Por parte de los contrarios, debilidad suma: ni ejército, ni tesoros, ni crédito, ni concierto. Una sola voz iba a decidir los destinos de España sin trastornos funestos, engendrados de odios acerbos e interminables.

Por una de aquellas acciones contrarias a todos los cálculos, el conde de La Bisbal, en mengua de su reputación y perjuicio de su propio interés, desbarató el proyecto por él mismo formado y fomentado. Prendió a los jefes de los cuerpos que se hallaban en el campamento del Palmar; mandó asimismo que se prendiese a don José Moreno Guerra, hacendado de Cádiz; pero dejó libres a muchos militares y paisanos, agentes principales de la combinación. Por este medio, sin asegurar la causa del despotismo, impidió que fuese por entonces vencida, y se hizo indigno de la confianza de los patriotas, sin hacerse por eso merecedor de la gratitud de los ministeriales.

El golpe fatal del 8 de julio aterró con todo a los amantes de la libertad, y desbarató sus planes. ¿Cómo era posible tejer de nuevo una trama cortada por el mismo que fue el primero a formarla? ¿De quién había el hombre de fiarse, vista la pasada traición? ¿Ni cuándo se presentaría ocasión más favorable para recuperar la libertad de la patria, que la que acababa de perderse? ¿Cuándo proyectos tan formidables se vieron tan fácilmente suprimidos, que no hubo resistencia por parte de fuerzas numerosas y empeñadas, ni de jefes que contaban con el amor y adhesión de sus soldados?

Estas eran las reflexiones que ocurrían a todo hombre sensato, y de ahí el general desaliento y el momentáneo abandono de una empresa al parecer desesperada.

No bastó, con todo, el desmayo a impedir que algunos patriotas se uniesen para concertar medios de corregir el mal pasado. Existían aún todos los elementos de la conjuración, bien que separados, y faltaba solo unirlos de nuevo, eludiendo la vigilancia del general, tanto más de temer, cuanto que él, como uno de aquéllos, conocía a todos los conjurados, sus planes, sus recursos y los medios de que se valían. Juntáronse en la tarde del 13 de julio don Manuel González Bustillos, teniente de Artillería; don Jacobo Gil de Aballe, teniente coronel del mismo cuerpo; don N. Acosta, del mismo grado y arma; don José María Montero, del comercio de Cádiz; don Olegario de los Cuetos, alférez de navío de la armada nacional; don Ramón Ceruti y don Antonio Alcalá Galiano, secretario de la legación de España en el Brasil. Propusiéronse varias cosas impracticables todas y violentas; estaban los ánimos demasiado exaltados y eran las dificultades harto insuperables para que pudiese pensarse en proyecto alguno de fácil ejecución.

El único buen efecto que produjo esta reunión fue el poner de nuevo en planta el proyecto, fuese cuál fuese el modo de realizarlo.

El licenciado don Sebastián Fernández Vallesa, abogado de Cádiz, y también de los complicados en el plan, no asistió a la junta citada por hallarse ausente en Sanlúcar de Barrameda; pero habiendo regresado a Cádiz se agregó a los que trabajaban en la revolución, de la que ha sido uno de los principales promovedores.

Por este tiempo se habían reunido en Gibraltar don Bartolomé Gutiérrez, coronel de Artillería; don José Grases, teniente coronel de la misma arma, fugados de la prisión en que se les puso en Jerez el 8 de julio; el citado don José Moreno Guerra, mandado prender por el conde de La Bisbal, y don Francisco Javier de Istúriz, del comercio de Cádiz. Allí reunidos pensaban en los medios de remediar lo pasado y trataban de probar de nuevo la suerte.

Al mismo tiempo, algunos de los que estaban en Cádiz aspiraban a dar un golpe pronto y decisivo, y con este objeto se juntaron, en 16 de julio, el capitán del inmemorial del rey, don Manuel Sesé; el capitán de la compañía de obreros, don Fernando Ariño; los referidos Bustillos y Vallesa; don Domingo Antonio de la Vega, abogado de Cádiz, y don Juan Álvarez y Mendizábal, del comercio; a excepción de estos dos últimos todos habían sido muy principales agentes en la pasada trama, y en cuanto a los dos nuevamente asociados, su adquisición parecía una gran ventaja, y el tiempo ha confirmado el acierto con que se hizo su agregación. Don Mendizábal, celoso y activo ofrecía, además, los fondos necesarios para la empresa, asegurando que para ella podía también contarse con don Vicente Beltrán de Lis, principal del establecimiento que dirigía, y Vega, acreditado por su talento y experiencia, conocido por haber estado implicado en varios planes de revolución, y por haber sufrido con fortaleza más de una vez las persecuciones del despotismo, no podía considerarse menos útil para contribuir a la dirección del meditado proyecto.

Juntos, pues, estos patriotas, acordaron ante todas cosas nombrar uno que hiciese de presidente en sus reuniones, recayendo el nombramiento en Vega. Dispúsose asimismo que en cada uno de los cuerpos del ejército con que podía contarse se formase una junta revolucionaria, que había de corresponder con la central compuesta de los nombrados.

No asistió a esta junta Galiano, pero informado de lo en ella resuelto, y para coadyuvar a tan nobles ideas, aceleró su partida a Gibraltar a fin de cumplir allí la importante comisión de reunir fondos. Salió el 22 de julio, y llegado a la plaza el 26 del mismo, tuvo el disgusto de no hallar en ella a Istúriz, que había salido para Portugal, y de ver que era imposible allegar alguna cantidad razonable. Formóse con todo, en Gibraltar, una junta compuesta de los citados Gutiérrez, Grases, Moreno Guerra y Galiano, a la cual se agregaron los patriotas don Francisco Carabaño, actual diputado en Cortes, don N. Morquecho y don N. Arguibel, del comercio de Cádiz, cuyo objeto era corresponderse con Cádiz y Sevilla, a cuyo último punto había ido el subteniente de Caballería don Agustín Fernández de Gamboa, patriota celoso, uno de los principales del proyecto malogrado en el 8 de julio, y que, unido a otros dignos ciudadanos, ha trabajado constantemente en la libertad de su patria.

Seguía en tanto la conspiración en Cádiz, favorecida por la partida del conde de La Bisbal, que en pago de su traición había sido condecorado con la gran Cruz de Carlos III, a trueque de verse desposeído del poder y mando, y ser llamado a Madrid para vivir entre el temor y la esperanza, mendigando el favor de una corte, que poco antes temblaba al eco de su nombre. El general Fournas, que interinamente le sucedió en el mando del ejército, provincia y plaza de Cádiz, extranjero y de escasas luces, aunque soldado valiente, era poco temible a los conspiradores. Todo protegía la empresa que pronto se habría realizado sin el acontecimiento funesto e imprevisto de la aparición de la fiebre epidémica en San Fernando.

Con anticipación a este terrible suceso, que frustró todos los planes y opuso obstáculos insuperables a la realización de otros nuevos, se habían formado juntas en Sanlúcar de Barrameda, Jerez de la Frontera, Puerto Real, Medina-Sidonia, San Fernando y Cádiz. En esta última ciudad, como centro de todas las operaciones, estaba la principal, que arriba citamos, expresando quiénes la componían. Trabajaban, además, en junta separada, bien que en íntima correspondencia con ella, y por intermedio de Vallesa, algunos otros celosos patriotas, entre quienes se contaban don José María Montero, ya citado, de cuyos extraordinarios servicios haremos mención más adelante, y don Manuel Inclán, del comercio de Cádiz. Este último, aunque agregado a las juntas de los promovedores del alzamiento, pocos días antes que se malograse, fue con todo de los que más se distinguieron por su celo y tesón incontrastables. No contento con tratar de reunir y alentar a los que se habían separado y desmayaban, se prestó a facilitar los auxilios pecuniarios que fuesen precisos; propuso una suscripción de... pesos, de los que él adelantaría mil, y precisado posteriormente a trasladarse a la corte, se avistó con los patriotas unidos en Sevilla, inflamándolos y proponiéndose entablar con ellos correspondencia. Su residencia, en Madrid, le impidió tomar parte en las empresas que se sucedieron; pero aun allí fue útil, trazando cada día, unido con otros, planes de cooperación después de declarado el ejército expedicionario, contribuyendo a que pasasen algunos buenos oficiales a la Mancha cuando juró en ella la Constitución el conde de La Bisbal, teniendo igualmente parte en los gloriosos sucesos del 7 al 9 de marzo.

La junta referida y las demás que había fuera de Cádiz obraban todas de concierto; pero éstas seguían en todo las órdenes de aquélla, dirigida por

Vega y Mendizábal. Este último, por las circunstancias en que se hallaba, podía prestar servicios muy importantes como encargado de las provisiones del ejército; proyectó solicitar, como lo ejecutó, una orden del general Fournas por la que fue autorizado para entrar y salir en Cádiz por las puertas de tierra y mar a todas horas, cuya orden servía de mucho y podía servir de más en los momentos críticos de la ejecución. Por este medio, pronto se remediaron las desgracias del 8 de julio; unidos de nuevo los fautores del proyecto frustrado en aquel día (excepto los jefes presos y los fugados a Gibraltar) dieron nueva vida a la conspiración, y rápidamente caminaron a llevarla a efecto.

Depender de la voluntad de un general que no fuese nombrado por ellos mismos, era someterse a una dirección dictada por intereses extraños, así lo había acreditado el conde de La Bisbal, tanto en su última violencia, cuanto en su anterior conducta vacilante y doble. Pensóse, pues, en nombrar un jefe que fuese general del ejército y se acordó hablar al brigadier Omlin, comandante del depósito de Ultramar, establecido en San Fernando, por si quería tomar sobre sí tan difícil y arriesgado cargo, de cuyo desempeño le juzgaban capaz los conspiradores. Bustillos y el comandante del segundo batallón de Cataluña expedicionario, don Evaristo Calleja, fueron comisionados al intento, y después de algunas aclaraciones sobre los fines de la conspiración, y recursos con que se contaba, el digno Omlin consintió en ponerse al frente del ejército para proteger el restablecimiento de la libertad y de la Constitución. El 24 de agosto era el día señalado para romper; todo estaba pronto, eran frecuentes las juntas en casa de Mendizábal, asistiendo a ellas, además de los citados, el teniente del regimiento de Canarias, don Nicolás de Calzadilla, el retirado de la misma clase, don Cristino Juiller, y Avalle, citado ya, como concurrente a la reunión del 13 de julio. Los batallones con que más decididamente se contaba eran el segundo de Cataluña, Sevilla, Asturias y la brigada y escuadrón ligero de Artillería; con otros había relaciones, y el de Canarias quedó asegurado por la adhesión a la causa de su comandante interino don Francisco Díez Bermudo.

La epidemia entre tanto había, como queda dicho, aparecido en San Fernando, y descuidada por la estupidez y malicia de los agentes del Gobierno, que tachaban de revolucionarios a cuantos aseguraban la existencia de un mal tan cruel, ya se había extendido por aquella ciudad a mediados de agosto. De repente hubo que adoptar providencias severas y ejecutivas: cortóse la comunicación con el pueblo, y salieron de él las tropas que allí quedaban. Omlin quedó encerrado con el cuerpo de su mando, y el proyecto por entonces, si no de nuevo desbaratado, a lo menos suspendido.

Parecía que un hado adverso estaba empeñado en estorbar que la España llegase a verse libre. Tan repetidos obstáculos, como los que encontraban los conspiradores, debían arredrarlos; pero no fue así por fortuna de la patria, y tal vez del linaje humano. Al malogramiento de un plan seguía inmediatamente la formación de otro, en el que la mayor resolución suplía por las ventajas que faltaban.

Con asegurar la posesión de Cádiz se daba un paso agigantado para que se decidiese toda la nación, dispuesta a favorecer a cualquier libertador que se le presentase; pero tímida y por lo mismo deseosa de hallar robusto apoyo. Ciñéronse por entonces los promovedores de la empresa a alzarse con aquella ciudad. La ocasión era favorable: guarnecían la plaza los batallones de Soria y Canarias, decididos al rompimiento. La ciudad de San Fernando, incomunicada e infestada, interceptaba el paso a las tropas que intentasen venir a sitiar a Cádiz.

El capitán de Soria, don Ramón Gali, y el teniente del mismo cuerpo, don Tomás Galarraga, instaban por poner en ejecución este proyecto. Propágase al mismo tiempo la epidemia en Cádiz, y dispónese la salida de la guarnición dejando la plaza en manos del vecindario armado, al que después se agregó el batallón de Soria, que hubo de quedarse dentro. El día 8 de septiembre, en que debían salir las tropas, fue señalado para la revolución; queríanla Mendizábal, Gali, Galarraga y otros; resistíala el comandante de Canarias Bermudo, en atención a las circunstancias, y prevaleció su dictamen; salieron de Cádiz muchos de los que dirigían el plan, y entre ellos Mendizábal, y se quedaron Vega, Vallesa, Gali y Galarraga con otros dignos compañeros en la empresa; pero la epidemia, que empezó a hacer sus estragos, estorbaba que se pudiese tratar de revolución con esperanzas de buen éxito. Nadie hablaba ni pensaba más que en el terrible azote que tenía poseídos los ánimos de horror y desaliento.

Cabalmente, por este tiempo y antes que se supiese que la epidemia reinaba en Cádiz, deseosos los patriotas reunidos en Gibraltar de activar la correspondencia con los de aquella ciudad, y avivar el rompimiento, del que tenían noticias y esperanzas, acordaron que volviese a Cádiz Galiano (que voluntariamente se ofreció a hacerlo) y que podía pretextar que, no habiendo en Gibraltar buques listos para el Brasil, regresaba para buscar por Lisboa su pasaje. Hízolo éste así, pero tuvo la desgracia de que cuando llegó, que fue en 10 de septiembre, hubo de sufrir la cuarentena de observación, que en aquel puerto se exigía a todo buque, pues llegó precisamente en los días en que se declaró la ciudad contagiada, quedó en incomunicación, y salieron de ella las tropas.

La llegada de Galiano a Cádiz en este caso, lejos de ser útil, fue perjudicial por de pronto. La ejecución de todo proyecto debía forzosamente diferirse; y el tiempo que transcurriera hasta el día en que fuese fácil realizarlo, la presencia en aquella ciudad de una persona conocida por sus ideas liberales, señalada como muy comprometida en la anterior empresa, procedente de Gibraltar, donde se le había visto en estrechísima unión con los que allí estaban refugiados por la causa del 8 de julio, y que habiéndose ya ausentado de España para ir a su destino en el Brasil, volvía atrás en ocasión tan crítica; la presencia digo de tal persona en Cádiz podría ser funesta a ella misma, y acarreándole su prisión, guiar al descubrimiento de los nuevos proyectos. Por eso se juzgó indispensable la ocultación de Galiano, quien desde el 15 de septiembre, día en que desembarcó, hasta el rompimiento, se mantuvo oculto, no saliendo sino de noche. Ni era fácil encontrar para él un asilo seguro, pues no tenía casa propia, habiendo ya levantado la suya.

Esta circunstancia precisamente fue muy favorable a la empresa. En la anterior había tomado parte don José María Montero, joven comerciante de veintitrés años, pero de gran decisión y juicio. Sucedida la desgracia de 8 de julio, él fue (como arriba se dijo) uno de los que se juntaron en la noche del 13, y franqueó, además, el lugar en que se tuvo la reunión. Posteriormente, como también referirnos, había estado en comunicaciones con Vega, Vallesa y con los de Gibraltar, pero no estaba instruido en los pormenores de lo tratado desde el 16 de julio hasta septiembre, porque fue máxima de los reunidos en aquella época no comunicar su secreto sino a personas absolutamente necesarias para la ejecución. Montero, por hallarse con una casa independiente, hospedó en ella secretamente a Galiano, y no contento con este servicio la franqueó igualmente para que en ella se tratase cuanto concerniese a la insurrección, de la que vino a ser uno de los principales agentes.

Por este tiempo, recién salido el ejército de Cádiz, Mendizábal reunió el 19 de septiembre, en Villamartín, a don Nicolás Calzadilla, ayudante de Canarias, al capitán don Roque Arizmendi, los tenientes de Sevilla don Pedro Suero y don Santiago Pérez, don Baltasar Valcárcel, de Asturias, y don Adriano Torrecillas, del escuadrón de Artillería. Túvose esta reunión en casa de Pérez, conocido por su extraordinario patriotismo. Cada uno de dichos oficiales contaba con su batallón respectivo, y estaban, además, seguros del de Valencia, por lo que había afirmado a Mendizábal, en Arcos, el capitán de granaderos del mismo, don Manuel Carrillo. Tratóse en la junta de aplazar el rompimiento para el 12 de octubre, contando con poner al frente del ejército a don Miguel López Baños. Avisóse de esto a Cádiz, para estar seguros de aquella plaza; no pudo con todo efectuarse este proyecto. Contra él militaban muchas causas, porque Baños, nombrado jefe, no quiso aceptar este encargo, fundándose en poderosas razones que aconsejaban no pensar por entonces en la empresa, estando muchos por el mismo dictamen. Era, en efecto, difícil prometerse un buen resultado de ella, puesto que los soldados, aterrados justamente con la epidemia, no consentirían en aproximarse a las posiciones que debían servir de punto de apoyo, y donde cabalmente ardía con más fuerza el contagio. Ni era posible mover adelante el ejército, chocando con los pueblos resueltos a oponerse a su tránsito, como que acababa de salir de puntos infestados. Tantas dificultades suspendieron por algún tiempo todo pensamiento de insurrección.

Podían facilitarla, sin embargo, la reunión de gran parte del ejército en el campamento de las Correderas, próximo a Alcalá de los Gazules, la comunicación íntima y frecuente que allí había entre la oficialidad empeñada, y la circunstancia de haberse reunido a aquellos cuerpos varios oficiales separados de ellos desde el 8 de julio, por ser participantes del proyecto entonces malogrado, y que contribuyeron a fortalecer y extender el partido de los patriotas. Subsistían empero las razones que disuadían de una declaración inmediata. Hízose, por tanto, lo que convenía, que era arreglar el modo de llevar adelante los preparativos. Creóse, pues, en cada cuerpo una junta o comisión, y además una central, que debía residir en Arcos, para presidente de la cual, y unánimemente, fue elegido Mendizábal, revistiéndole de amplísimas facultades. Con él se comunicaba el dignísimo teniente de Artillería Bustillos, que, como habilitado de su cuerpo, pasó a situarse en Espera y Villamartín, con la idea de estar más a mano para cualquiera ocurrencia. Este joven, que al patriotismo más ardiente y decisión más constante une un juicio maduro y un entendimiento despejado y claro, adornado con bastantes conocimientos, se adelantó siempre a cuanto fue proyectado o llevado a ejecución. A su actividad infatigable se debe, en gran parte, la libertad de la patria. Corriendo sin parar de un pueblo a otro, expuesto a continuas sospechas, llevaba noticias, reunía personas, formaba y activaba planes, y por fortuna, aunque acechado al fin por los jefes, pudo seguir en su empresa, y fue de los primeros en la sorpresa de Arcos.

 En tanto, seguía trabajándose lentamente en Cádiz; poco podía pensarse en mudanzas políticas en medio de los horrores de la epidemia; pero era tal la decisión de los patriotas que se hallaban en aquella ciudad, que aun entonces no desistían de su propósito. Celebrábanse algunas juntas en casa de Montero, a las que asistían él mismo, su primo y consocio don Miguel García Ortiz, los oficiales de Soria, Gali y Galarraga, el teniente coronel del Regimiento de Aragón, don Alejandro Benicia, y el teniente del 2.º de Cataluña, don Antonio Ruiz Vega, Vallesa y Galiano. Tratábase de dar el golpe cuando disminuyese el contagio. La plaza de Cádiz no tenía más guarnición que el batallón de Soria, cuya oficialidad estaba casi toda decidida entonces por el alzamiento, con lo que se hallaba asegurada una posición tan importante para servir de apoyo a la declaración de los de afuera, y aun para dar el primer grito dentro de sus muros, si así lo exigiesen las circunstancias. La epidemia desconcertó estos planes; Vega y Vallesa fueron acometidos de ella, y el primero estuvo próximo a la muerte.

Cayó también enfermo Galarraga y murió al cuarto día de su enfermedad, llevando tras sí las lágrimas de cuantos le trataron... Pérdida irreparable, puesto que el valor, el patriotismo, el carácter firme y bien templado de este excelente oficial le daban en su cuerpo un influjo sobre sus compañeros y sobre el soldado, muy superior al que por su graduación debía gozar. Gali perdió a su esposa, y quedó por algunos días rendido al dolor y entregado al cuidado de sus tiernos hijos. Sucesivamente fueron víctimas de la cruel enfermedad muchos oficiales de Soria, y con tal desgracia que los que morían eran precisamente de los comprometidos, quedando vivos casi todos aquellos con quienes no se contaba para el proyecto.

Éste era el estado de los planes de los patriotas a fines de octubre. Desconcertados por una concurrencia de obstáculos a cuál más difíciles de vencer, casi desmayaron, y hubieron de suspender sus trabajos. La epidemia seguía asolando a Cádiz y pueblos vecinos; Omlin fue víctima de ella en la ciudad de San Fernando. El regimiento de Soria estaba en esqueleto, y los individuos de él, que habían escapado con las vidas, o se hallaban en el estado penoso de la convalecencia, o en la situación aterradora de esperar a cada momento la invasión del mal. En el ejército, levantado el campamento de las Correderas, los cuerpos se habían separado, acantonándose en pueblos muy distantes unos de otros. Los participantes de la empresa, difícilmente podían comunicarse, acechados por todas partes, y teniendo además, el impedimento de los cordones de sanidad, que atravesaban por el mismo ejército. Por último, imprudencias inevitables cuando hay muchas personas enteradas de un asunto importante, habían hecho que los agentes del Gobierno tuviesen noticia, bien que confusa, de lo que se trataba. Mendizábal era observado por el gobernador del cuartel general de Arcos, don Francisco Fernández de la Espada, y tenía que usar de suma cautela. Cesó casi la comunicación entre el ejército y Cádiz, a efecto de las circunstancias destructoras de toda esperanza.

Así pasó noviembre, y la epidemia iba cediendo, y aproximándose la época de embarcar la expedición. Veían los patriotas cierta su ruina, y diferida por mucho tiempo la libertad de la patria si el embarque llegaba a verificarse; se resolvieron, pues, a probar fortuna, trazando para ello nuevos planes.

Juntos en Cádiz Vega, Vallesa, Montero y Galiano, este último se brindó a pasar al ejército, si fuese posible, a fin de enterarse del estado en que se hallaban las cosas, y arreglar con este conocimiento las futuras operaciones.

Era indispensable un pasaporte y carta de sanidad y se escribió a don Nicolás de Calzadilla para que buscase uno y lo remitiese a Cádiz; hízolo en efecto, dirigiéndolo por conducto del coronel don Antonio Quiroga, preso en Alcalá de los Gazules. A este pueblo debía dirigirse Galiano, atravesando el cordón, y en él empezar sus trabajos.

Presentábanse grandes obstáculos para el paso de Galiano al ejército. No era el mayor la indicada necesidad de atravesar el cordón malamente sostenido y diariamente quebrantado por los trajinantes. Pero un sujeto conocido en aquellos pueblos difícilmente podía pasar por el camino sin ser visto. Ofrecíase, además, la consideración de ser un delito el exponer la salud de los pueblos a las resultas que podían seguirse de su roce con una persona procedente de uno contagiado, como todavía lo estaba Cádiz.

Pero la estación se hallaba adelantada, y, por tanto, disminuido ya el contagio en los pueblos en que había cundido, no era de temer que se propagase en los sanos; Galiano, que lo había padecido, no podía llevarlo en su persona; y, por otra parte, los males que podían originarse de la epidemia, aunque terribles, no eran comparables con los que acarreaba a la patria la lenta pero mortífera continuación del sistema que la oprimía. En fuerza de estas razones Galiano, con aprobación de sus amigos, se decidió a emprender su viaje. Salido de Cádiz y atravesando felizmente el cordón por cerca de la ciudad de San Fernando, pasó a Alcalá de los Gazules y allí se hospedó en la prisión misma en que estaba don Antonio Quiroga con otros de los presos del 8 de julio, custodiados por el batallón de España acuartelado en el pueblo. Este cuerpo no era parte del ejército expedicionario al tiempo que se concibió el plan malogrado; pero destinado después a él, se había empapado en las mismas ideas de que se hallaba éste poseído. Quiroga y sus compañeros disfrutaban de libertad casi completa, y se aprovechaban de ella para inflamar los ánimos y formar nuevos proyectos. Galiano encontró la oficialidad del citado regimiento muy bien preparada; él la reunió y procuró encender en ella más y más el santo fuego del patriotismo. Presentóse al mismo tiempo en aquella villa don Antonio Ramón, teniente del batallón de la Corona, acuartelado en Medina-Sidonia. Este bizarro joven venía diputado por su cuerpo que acababa el Gobierno de agregar a la expedición, en desprecio de lo que, en contrario, se le había prometido, atrayéndole a las orillas del mar dolosamente, precisándole a embarcarse, y el cual hervía en los mismos deseos que animaban a los batallones comprometidos en julio.

Visto por Galiano el buen estado de la opinión, creyó que podía aprovecharse de él con ventaja de la patria. Resolvióse a recorrer varios cuerpos del ejército para explorar sus ánimos y contribuir a decidirlos. Era oportuno pasar a Arcos a avistarse con Mendizábal como principal agente del plan, y de allí adelante a los puntos que fuese posible. Partióse de Alcalá, pero en el camino encontró a Bustillos, que venía en su busca. Por consejo de éste no pensó en ir a Arcos, donde era arriesgado y difícil penetrar, tanto a causa de las precauciones sanitarias, cuanto en razón de la vigilancia que allí se ejercía, originada por los recelos de lo que se estaba tramando. Hubo, pues, Galiano de marcharse a Villamartín, a donde como punto céntrico de los que ocupaba el ejército, convocó a varios de los promovedores de la empresa, residentes en los pueblos vecinos.

No fue la concurrencia cuál se esperaba; pero el resultado de lo que se hizo no dejó de ser importante. Dispúsose allí un medio de circular avisos y de establecer la correspondencia; creóse una sección de la junta central, para que dirigiera los preparativos del movimiento, la que presidió Galiano, debiendo Bustillos, que quedó al frente de la misma, entenderse y caminar de acuerdo con Mendizábal, quien, como hasta entonces, no podía desde Arcos dirigir las operaciones, pues se hallaba demasiado observado por los jefes del ejército, y se pensó en nombrar un general que se pusiese al frente de las tropas. Este último punto era difícil de determinar; Galiano propuso en junta secreta, que tuvo con Bustillos y Arizmendi, en el mismo Villamartín, que fuese elegido Quiroga. He aquí las razones en que apoyo su propuesta.

De los generales existentes en aquellos alrededores, ninguno había que osase acometer empresa tamaña como la proyectada; y a pesar de que muchas razones aconsejaban no se hiciese el alzamiento sin contar con alguno de dicha clase, había otras que persuadían las ventajas de tener por cabeza una persona, cuya autoridad se cimentase en el voto de sus compañeros.

Quiroga, como coronel, se había captado el afecto de la oficialidad y soldados del batallón de Cataluña, y ésta no era corta recomendación para un encargo como el de jefe de una insurrección, en que era preciso tener contento individualmente al soldado. Además de esto Quiroga era de la pasada empresa; en ella había manifestado la mayor decisión, señaladamente en el día 5 y la noche del 6 de julio, en que opinó por levantar el grito aun contra el conde de La Bisbal. En su prisión, lejos de desmayar, se mantenía firme y trabajaba en preparar a los que le rodeaban para el nuevo proyecto. Por último, de todos los jefes implicados en la causa, solo él se hallaba en situación de ponerse al frente de las tropas, porque los demás, encerrados en los castillos de Cádiz, solo podrían obrar después del rompimiento.

La propuesta de Galiano fue oída con gusto; pero él mismo encargó no se hiciese en aquellos cuerpos que no trataban de cerca a Quiroga, hasta tenerlos dispuesto de antemano, en lo que todos se convinieron.

Acordóse también, en Villamartín, pasar una circular a los cuerpos para activar los trabajos, puesto que iba a expirar el mes de noviembre, y en fines de diciembre quedaría acabada la epidemia y se empezaría inmediatamente a realizar el embarque.

En cuanto al batallón de Sevilla, la mayor parte del cual se hallaba en el pueblo, estaba animado de los mejores deseos y en sazón para cualquiera empresa. Muchos dignos oficiales se reunieron, y entre ellos el teniente don Santiago Pérez, en cuyo alojamiento se hospedaba Galiano, aseguró a éste que estaba pronto a levantar el grito, y que él respondía del batallón. Inspiraba suma confianza el espíritu de estos patriotas militares.

Bien habría querido Galiano pasar a otros puntos, pero era difícil vencer los embarazos que oponían los cordones. Determinó, pues, volverse a Alcalá, y allí acordar de nuevo el modo de entablar la correspondencia con la Isla y Cádiz por Medina, como se había dispuesto la de Villamartín con Alcalá y otros puntos.

Al salir Galiano de dicho Villamartín lo verificó igualmente para diferentes parajes ocupados por varios cuerpos don Manuel de Oltra, teniente del

Regimiento de Canarias. Este benemérito ciudadano había venido a Alcalá a esperar a Galiano cuando debía llegar de Cádiz, y servirle de compañero y guía. No fue este el único servicio de Oltra; desde entonces hasta el rompimiento, con celo infatigable, y exponiéndose a graves peligros, estuvo continuamente recorriendo los cuerpos y llevando importantes comunicaciones.

Mientras Oltra visitaba el punto de Fuentes y otros, Galiano regresó a Alcalá, habló allí de nuevo a los oficiales del batallón de España, propúsoles la elección de un general e indicó para serlo a Quiroga; hízose asimismo por los oficiales el juramento, o sea, promesa, de acometer hasta llevar a cabo la empresa de dar libertad a la patria, o morir si conseguirla no pudiesen.

De allí pasó Galiano a Medina Sidonia, y como no le fuese posible entrar en el pueblo, por ser muy conocido, salieron a esperarle los oficiales de la Corona, con lo que lo logró, cerrada ya la noche, y allí prestaron dichos oficiales el mismo juramento. Respecto a la elección del general convinieron en la propuesta de Galiano, quien recomendó vivamente a Quiroga para ser elegido. Satisfecho del resultado de su comisión volvió a Cádiz, teniendo la suerte de no haber sido descubierto en su viaje, y de pasar el cordón sin tropiezo.

Halló a Vega, Vallesa y Montero disgustados por un incidente que pudo tener malas resultas. Habían solicitado reunir algunos fondos para llevar adelante los planes, y como para esto se contase con algunos buenos patriotas, los hubo de ellos más celosos que discretos, que dieron hasta publicidad a la existencia de una trama, y a los nombres de los que la urdían. Salvó a éstos la negligencia del Gobierno, por fortuna tan suma como su despotismo. Lograron acallar las voces esparcidas, perdiendo empero las esperanzas de hallar los fondos necesarios.

Quedó, pues, todo en la forma siguiente: la junta principal, establecida en Cádiz, comunicaba con la establecida en Villamartín. Bustillos, individuo de ésta, trataba con Mendizábal en Arcos, y estos dos beneméritos jóvenes a porfía corrían todos los puntos, acelerando el levantamiento.

Por este tiempo se hallaba en las Cabezas, y había tomado el mando del batallón de Asturias don Rafael del Riego. Este jefe, que tuvo una ligera parte en la anterior conjuración, pero no conocido aún en el ejército, ni mandando en él cuerpo alguno, no había sido de los principales agentes. En el 8 de julio, lejos de ser preso, le cupo en suerte ir con el conde de La Bisbal cuando fue por éste desbaratada la conspiración, y presas sus cabezas; pero enterado en aquella noche de las malas intenciones del general, se separó de su comitiva, y en Puerto Real trató de poner en arma la Artillería, o de buscar cualquier medio de oposición a las tropas que iban contra los del campamento. No lo consiguió, y fue testigo de la prisión de sus compañeros. Retirado después a Bornos a recuperar su salud, por ser su constitución endeble, separado del estado mayor, del que era parte, fue promovido a segundo comandante del batallón de Asturias, cuyo cuerpo mandaba a falta del primero. Halló en dicho batallón de ayudante a su amigo y paisano don Fernando Miranda, uno de los principales en el pasado proyecto, y que después de haber sido en el 8 de julio separado del cuerpo y trasladado a Conil, como en clase de desterrado, acababa de incorporarse a sus banderas. Juntos, pues, Riego, Miranda, el ayudante don Baltasar Valcárcel y otros dignos oficiales, dispusieron el batallón de Asturias a la empresa, logrando entusiasmarle hasta el punto de que fuese uno de los mejores del Ejército.

Mas a pesar de las excelentes disposiciones de éste y otros cuerpos, todavía era difícil el rompimiento, porque desparramado el ejército sobre una extensa superficie, carecía de la fuerza física y moral que la unión trae consigo. No fue posible seguir la comunicación del modo proyectado con el punto de Cádiz, y para impedir que se apagase el fuego que el viaje de Galiano había encendido, Vallesa, sin duda uno de los más decididos, ilustrados e incansables agentes de la revolución, antes y después del 8 de julio, pasó a Medina, de allí a Alcalá, y fue recorriendo los pueblos donde había tropas hasta llegar a Osuna. En este último punto ocurrió un incidente desagradable. El coronel don Miguel López Baños no solo se negó a los planes, sino que hasta rehusó avistarse con Vallesa. Estaba exasperado por algunas indiscreciones que irritaban su carácter fuerte. Pero los oficiales de Artillería, que conocían su valor y patriotismo, aseguraron que dicho jefe no titubearía en seguir la causa de la libertad tan luego como se le persuadiese de que había resolución bastante para abrazarla. Volvióse

Vallesa atrás con intento de pasar el cordón, entrar en Cádiz, o quedarse en San Fernando, ver si podían reunirse fondos para acudir a las primeras urgencias del alzamiento, y regresar al ejército con el resultado.

No dormía, entre tanto, Mendizábal, quien en unión de su compañero, don Vicente Beltrán de Lis (hijo), se había avistado con Vallesa, le había dado pasaportes como un empleado de provisiones, de cuyo ramo estaban encargados, trabajando al mismo tiempo con igual celo y fruto en el proyecto.

Riego pasó por aquel tiempo a Arcos a formar una sumaria. Era su deseo conferenciar con Vallesa, lo que no pudo realizarse. No fue con todo infructuosa su mansión en el cuartel general; unido allí con Mendizábal y con los oficiales don Pedro Alonso, don Ignacio Silva y otros, siguió preparándose para las importantes empresas a que puso después un término tan feliz y cumplido.

Dispuesto ya todo, restaba contar con algunas cantidades para subvenir a los gastos del levantamiento. No era esto fácil de reunir en Cádiz, pues además de la suma escasez en que se hallaba la plaza, el temor nacido de los pasados escarmientos retraía a muchos de comprometerse adelantando fondos, ni menos podían pedirse a ciertas personas, porque siendo forzoso manifestarlas el objeto, se arriesgaba que fuese descubierta la trama. Hallábanse, pues, en sumo conflicto los agentes de la conspiración, teniendo ya cercano el fin de sus afanes, y viendo que por falta de unas cortas sumas podrían no alcanzarlo.

Ocho mil duros era lo que se pedía a Cádiz y no pudieron juntarse; Vega y Galiano practicaron para ello varias diligencias infructuosas. Por fin Montero, con grave detrimento de sus intereses, adelantó tres mil duros; al mismo tiempo el alférez de navío de la armada nacional, don Olegario de los Cuetos, empeñado también en la empresa, pidió a un amigo, como para una urgencia propia, mil duros, que no bien percibió cuando los entregó para el intento.

Había venido por aquellos días a Cádiz don Francisco Javier de Istúriz. Este digno patriota, como al principio de esta narración queda dicho, había tomado una parte activa en el proyecto destruido por el conde de La Bisbal, y el 8 de julio, temeroso de las resultas, había pasado a Gibraltar. Vien-

27

do posteriormente que el conde no se empeñaba en perseguir a todos los comprometidos, pasó a Portugal pretextando ir a tomar baños. Detúvose allí algún tiempo, y creyendo ya pasada la tempestad se volvió al seno de su patria y familia. fue cabalmente su vuelta cuando se estaba en los mayores apuros sobre la reunión de fondos. Los recursos de Istúriz y su influjo sobre otros que también los contaban, como que prometían hallar salida al embarazo que detenía el alzamiento. Galiano se resolvió a hablarle, pero lo hizo por tercera persona, eligiendo para el efecto a don Nicolás de Puga.

Este joven militar, en 1814, había manifestado su amor a la Constitución en una ocurrencia crítica, en la que chocó abiertamente con los oficiales del Regimiento de Gerona, donde servía. fue perseguido, degradado de su carácter de oficial, enviado a servir de soldado en el Fijo de Ceuta; pero obtuvo después su licencia y volvió a Cádiz al seno de su familia. Allí se hallaba al formarse el plan destruido el 8 de julio; entró en él pocos días antes de este suceso, si bien no con mucho calor. Llegada la catástrofe salió de Cádiz acompañando a Istúriz, con quien le unía una amistad estrecha; le siguió a Portugal, y con él verificó su regreso. Llamado por Galiano como el más a propósito para el objeto, fue a verlo en efecto al paraje en que éste estaba oculto, y en el que le manifestó el estado de los negocios favorables en cuanto a que todo estaba pronto para el rompimiento. Hízole presente la falta de fondos, y le rogó recabase de Istúriz que tanto por sí como por sus amigos se facilitase lo que restaba. Puga trató con desprecio la idea del alzamiento no porque fuese contrario a él, sino porque no creyó hubiese al frente personas capaces de realizarlo. Ofreció, sin embargo, empeñarse con Istúriz, y lo hizo tan tibiamente que volvió a avistarse con Galiano para darle una respuesta negativa. Como éste se exasperase y prorrumpiese en quejas y reconvenciones, aquél se resintió de ellas, y lejos de convidar a Istúriz a que accediese a los deseos de los promovedores de la insurrección, lo irritó contra ellos. Todas estas cosas los pusieron a pique de que se malograse la empresa ya próxima a su feliz término. Galiano, con todo, fue a verse personalmente con Istúriz, y si bien no logró inspirarle confianza en el buen éxito del proyecto, se separó de él con toda amistad, y alcanzó que le entregase mil duros para hacer la tentativa. A los dos días fue preso Istúriz, y a pocos más Puga tuvo igual suerte.

Juntos, pues, cuatro mil quinientos duros, se dispuso enviar cuatro mil al ejército; condújolos de Cádiz a la Isla don José Chabatit, también uno de los que en los últimos días trabajaron más en la realización del proyecto. Allí se entregaron a don Cristino Juiller, que de intento, y atravesando el cordón, había venido en busca de esta cantidad, a la que se agregaron cinco mil duros que facilitó Mendizábal, tres mil doscientos cincuenta que entregó al mismo Juiller, mil doscientos cincuenta al comandante España, y setecientos cincuenta que repartió al batallón de Guías como parte de lo que éste daba para el rompimiento, con más la oferta de sostener al ejército por ocho días de toda clase de víveres, lo que verificó en efecto. Marchóse Vallesa de nuevo al ejército para que se realizase el golpe, y mientras esto pasaba, Mendizábal había venido a Jerez, no obstante estar dicho pueblo acordonado, y haber escrito a Cádiz manifestando sus deseos de avistarse con algunos de los individuos de la junta principal directora. En su consecuencia, pasó Vega a Jerez el 24 de diciembre, pero la conferencia que con él tuvo no produjo otro resultado que aplazar nuevas vistas para el 26, en cuyo día deberían venir a la casa de postas del Cuervo (a tres leguas y media de Jerez) Riego, Miranda y Bustillos. Regresó Vega a Cádiz, y en el camino volcó la calesa en que iba, recibiendo una contusión en una pierna, por cuya causa en vez de volver a la conferencia señalada, lo verificó en su defecto Galiano, quien aunque con notable exposición de su persona en una época en que de nuevo empezaban las prisiones de los empeñados en la conspiración pasada, llegó a Jerez el 26 por la tarde. No halló allí a Mendizábal, quien cansado de esperar a Vega, se había marchado al Cuervo para la convenida conferencia. Vuelto a Jerez en la misma noche se vio con Galiano, y como de aquélla nada hubiese resultado, determinaron pasar los dos a las Cabezas, y tratar allí con Riego y otros que estaban citados.

Al mismo tiempo salieron de Jerez, con diferentes mensajes, don Vicente Beltrán de Lis (hijo), que tanto se afanó en estos días, y Vicente Alcaraz, criado de la casa del mismo, quien a pesar de su condición mereció que se le confiasen asuntos tan delicados, y se hizo digno de tamaña confianza por su reserva, celo, inteligencia y arrojo.,

Realizóse, pues, el viaje de Galiano y Mendizábal el 27 por la noche, y reunidos con Riego y la oficialidad de Asturias, después de algunas dificultades, se determinó dar el golpe en la noche del último día del año. Hizo Riego un plan, que copió Galiano, en el cual se disponía del mejor modo posible un movimiento simultáneo de los cuerpos del ejército empeñados en el proyecto, y a la sorpresa de los que no lo estaban. Escribió asimismo dicho Galiano una orden o proclama que había de dirigirse a la tropa, y fue en efecto leída al Regimiento de Asturias.

Un incidente desagradable turbó las alegres esperanzas de aquel día. El comandante del segundo batallón de Cataluña, don Manuel Melgarejo, que con su cuerpo se hallaba en Trebujena, y que conforme al plan trazado debía caer sobre Lebrija, llevar consigo al batallón de Guadalajara, que allí se encontraba, y pasar al Puerto de Santa María, en la mañana posterior a la noche del pronunciamiento; vino a las Cabezas, asistió a la conferencia, y declaró que no estaba su cuerpo en estado de hacer lo que de él se exigía. Esta declaración causó altercados y disgustos. Si por una parte la buena disposición del batallón de Asturias, que era igual en otros batallones, presentaba ideas halagüeñas, por otra se veía que no todos los cuerpos con que se había contado ejecutarían la parte que les estaba señalada. El resultado confirmó estos temores.

Dispuestas todas las cosas volviéronse Mendizábal y Galiano a Jerez, donde se separaron, el primero para dirigirse a Arcos y el segundo a Cádiz, en cuya ciudad entró no sin haber tenido que vencer antes grandes dificultades.

Su entrada se verificó el 30 por la mañana, y junto con Vega, Montero, Cuetos, el capitán de Soria, Gali y el ayudante del mismo cuerpo, Cortada, empezaron a tomar las providencias necesarias para alzarse con la plaza luego que fuese ocupada la isla por las tropas pronunciadas. Desgraciadamente, el batallón de Soria no estaba en tan buen pie para la empresa como anteriormente; pero a esfuerzos con todo de los dignos oficiales citados, y de otros de sus compañeros, se logró que se decidiese a no obrar en contra del pueblo. Del alzamiento de éste se encargó Vega, y necesitándose para el primer grito de algunas sumas, se empleó el sobrante de lo dado por Montero, que no fue al ejército, con más varias cantidades que franqueó él mismo, sobre lo que se había invertido en la isla para precaver una oposición a la entrada de las tropas.

En el ejército se había señalado últimamente para el alzamiento el 1.º de enero, a fin de que en la siguiente noche fuese sorprendido el cuartel general de Arcos, y ocupada la isla de León, además de otros movimientos proyectados. El modo como se efectuó parte del plan y quedó otra parte malograda, referido ya por otras plumas, no es de mi incumbencia referirlo.

Llegó a Cádiz en la mañana del 2 la primera noticia del rompimiento por un aviso que desde Jerez despachó a Vega Mendizábal, quien noticioso por su criado Vicente Alcaraz de haberse ya declarado Riego en las Cabezas, vino volando a participar a los de Cádiz la noticia, Y con igual celeridad se marchó a Arcos, llegando allí tan a tiempo que se halló en la sorpresa del cuartel general, la que de antemano había dispuesto en unión con Bustillos, y en la que trabajó con igual celo y serenidad que siempre. Este aviso, lejos de satisfacer, hubo de aumentar las dudas de los que dentro de la ciudad se hallaban, pues no se habían presentado en la isla las tropas según se había convenido. La crecida considerable de los ríos que se interponen entre Alcalá y Medina, y entre esta ciudad y San Fernando, y que no estuvieron de modo alguno vadeables el día 1.º ni hasta la mañana del 2, fue la causa de este atraso. Pasóse el día 2 en Cádiz en la ansiedad más cruel, aumentada a la tarde por haberse hecho en ella la prisión de Puga y otros a consecuencia de los sucesos del 8 de julio. Llegó en fin a las ocho de la noche a Galiano un aviso despachado desde la isla por Vallesa, quien acababa de llegar del ejército, con la noticia del modo cómo había sucedido la sorpresa de Arcos, y de estar ya en movimiento desde Alcalá sobre dicha isla el batallón de España, al cual debía unirse en Medina Sidonia el de la Corona. Corrió Galiano a enterar a Vega de la noticia, y se tomaron por ambos disposiciones que no tuvieron el resultado apetecido, puesto que Cádiz cerró sus puertas al ejército declarado por la libertad. Esta desgracia puso a pique de que se malograra la empresa más gloriosa que vieron las edades, y más conducente para la felicidad de la patria, y causó la guerra civil y desgracias que ella envuelve consigo; pero sirvió de dar realce a los hechos del ejército libertador, cuya constancia, acrisolada por los reveses y privaciones, logró al fin, con el restablecimiento de la Constitución, el objeto que se proponía, y el más cumplido premio de su arrojo, fatigas y desvelos. ¡Loor eterno a dicho ejército! ¡Plegue al cielo que la patria recoja sazonados, óptimos y frecuentes frutos de sus heroicos esfuerzos, y sean éstos los votos unánimes de todo español que se precie de serlo!

Libros a la carta

A la carta es un servicio especializado para
empresas,
librerías,
bibliotecas,
editoriales
y centros de enseñanza;
y permite confeccionar libros que, por su formato y concepción, sirven a los propósitos más específicos de estas instituciones.

Las empresas nos encargan ediciones personalizadas para marketing editorial o para regalos institucionales. Y los interesados solicitan, a título personal, ediciones antiguas, o no disponibles en el mercado; y las acompañan con notas y comentarios críticos.

Las ediciones tienen como apoyo un libro de estilo con todo tipo de referencias sobre los criterios de tratamiento tipográfico aplicados a nuestros libros que puede ser consultado en Linkgua-ediciones.com.

Linkgua edita por encargo diferentes versiones de una misma obra con distintos tratamientos ortotipográficos (actualizaciones de carácter divulgativo de un clásico, o versiones estrictamente fieles a la edición original de referencia).

Este servicio de ediciones a la carta le permitirá, si usted se dedica a la enseñanza, tener una forma de hacer pública su interpretación de un texto y, sobre una versión digitalizada «base», usted podrá introducir interpretaciones del texto fuente. Es un tópico que los profesores denuncien en clase los desmanes de una edición, o vayan comentando errores de interpretación de un texto y esta es una solución útil a esa necesidad del mundo académico.

Asimismo publicamos de manera sistemática, en un mismo catálogo, tesis doctorales y actas de congresos académicos, que son distribuidas a través de nuestra Web.

El servicio de «libros a la carta» funciona de dos formas.

1. Tenemos un fondo de libros digitalizados que usted puede personalizar en tiradas de al menos cinco ejemplares. Estas personalizaciones pueden ser de todo tipo: añadir notas de clase para uso de un grupo de

estudiantes, introducir logos corporativos para uso con fines de marketing empresarial, etc. etc.

2. Buscamos libros descatalogados de otras editoriales y los reeditamos en tiradas cortas a petición de un cliente.

www.ingramcontent.com/pod-product-compliance
Lightning Source LLC
Chambersburg PA
CBHW032108040426
42449CB00007B/1224